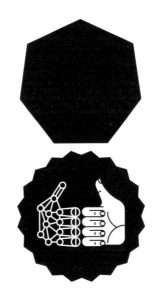

WOW

ワォ

AIアートが語る
世界を変えた
55のできごと

AIカランバ！スタジオ

宇野和美 訳

あすなろ書房

◆

はじめに

　人間の頭脳は、長い歴史を通じてかがやかしい足跡を残してきた。人間の好奇心や創造力や知性が世界にもたらした変化は数えきれない。

　さあ、100万年以上前に人類が火を使いはじめてから、驚異のAI（人工知能）が出現するまでの人類の歩みを、55の事件からたどってみよう。とりあげられなかったエピソードももちろんあるが、人間の知性がなしとげた発見やあくなき挑戦が見えてくる。

　こうして見わたすと、発明そのものによしあしがあるわけではないことがわかるだろう。肝心なのは使い方だ。たとえば、火があれば、部屋をあたためたり、暗い場所を明るくしたり、料理をしたりできる。けれども、火は町や森林をすっかり破壊してしまうこともある。ならば、火はすばらしいものなのか、それとも憎むべき道具なのか。

　わたしたちはこの本を、AI（人工知能）を活用してつくりあげた。驚きに満ちた挑戦の長い道のりのなかで、わたしたちはたくさんの思いこみを捨てさせられた。

　創作において、AIはすばらしい能力を発揮することがよくわかった。ただ、すばらしい絵をかきあげられるといっても、それにはわたしたち人間があらかじめ、どうしたいかという明確なビジョンを示すことが必要だ。頭の中にあるアイデアを形にするよう、AIを導くのは人間なのだ。

この本におさめられた55点の絵は、600時間以上にわたって人間がAIと対話して描かせた5000点以上の絵から選んだものだ。それはまさにAIの限界への挑戦であり、同時に、創作における人間とAIの新たなコラボの可能性の探究だった。

　道具が変われば、当然やり方も変わる。今、問われているのは、人間が生まれながらにして持つ頭脳と、AIのなみはずれた知能をどう組み合わせていくかだ。AIとどうつきあっていくかの責任は、常にわたしたち人間にあるのだ。

**　この本は、人間の持つ知性と幅広い潜在能力への賛嘆からうまれた。この本を読んだみなさんが、人間がどれほどすごい偉業をなしとげてきたかを知るとともに、新しい目で世界をながめ、自分たちも、発達したテクノロジーを適切に利用する責任をおっているのだということに気づいてくれるよう期待している。**

**　　　　　　　　　　　　　　　　AIカランバ！スタジオ**

年表

先史時代
紀元前250万年から紀元前3400年

進歩の火がともる
p.10

アーティストの誕生
p.11

道具が新しい世界をひらく
p.12

狩猟から農耕へ
p.13

古代
紀元前3400年から476年

メソポタミアで最初の文字が書かれる
p.15

パンが焼ける
p.16

エジプトでピラミッドが建てられる
p.17

演劇がギリシャで勝利する
p.18

中世
476年から1453年

戦略ゲームで頭脳にいどむ
p.24

アル・フィフリのマドラサが門戸を開く
p.25

羅針盤が方角を示す
p.26

印刷が知識を共有させる
p.27

近代
1453年から1789年

ガリレオ・ガリレイが地動説をとなえる
p.28

避妊具が発明される
p.29

引力があるから自分の重みで落ちる
p.30

ジャガイモがヨーロッパを救う
p.31

現代
1789年から今日

交響曲第5番が世界を感動させる
p.32

最初の写真が現実の一瞬をとらえる
p.33

蒸気機関車ロケット号がやってきた
p.34

エイダ・ラブレスと最初のコンピューター
p.35

抽象美術のパイオニア、ヒルマ・アフ・クリント
p.41

エリザベス・アーデンと仲間が婦人参政権を求めて闘う
p.42

ココ・シャネルがコルセットから女性を解放する
p.43

アインシュタインが宇宙の謎にこたえる
p.44

マザー・テレサが最も弱い人びとに手をさしのべる
p.50

フリーダ・カーロが女性のステレオタイプに疑問をなげかける
p.51

マーティン・ルーサー・キングの夢が世界の心をつかむ
p.52

人体への心臓移植が成功する
p.53

ベルリンの壁がくずれ、自由が勝利する
p.59

クローン羊、ドリーが誕生する
p.60

フェラン・アドリアが未来の料理をつくりだす
p.61

イーロン・マスクが宇宙を征服する
p.62

ピクトグラム

 文化
 芸術
 哲学
 世界遺産
 文学
 音楽
 インスピレーション
 創造性
 平等
正義

 科学
 医学
数学
物理学
工学
生物学
化学
天文学
商業
生産性

車輪が世界をまわす
p.14

 孔子が礼節を説く p.19
 ローマに水を運んだ最初の水道 p.20
 マヤ民族が天体にもとづく暦をつくる p.21
 エウレカ！アルキメデスが浮力の原理を発見する p.22
シルクロードが東洋と西洋をむすぶ p.23

 進化論が革命をおこす p.36
 ベルがはじめて電話で通話する p.37
 テスラの交流電流が地球を照らす p.38
 マリー・キュリーが科学にいどむ p.39
 ライト兄弟が空を飛ぶ p.40

 ヴァージニア・ウルフがこれまで書かれなかったものを書く p.45
 ガンディーが平和への道を示す p.46
 ダリがめくるめく狂気で世界をおどろかせる p.47
 ヘディ・ラマーがWi-FiやBluetoothのさきがけとなる技術をつくりだす p.48
 クストーが海の秘密を明かす p.49

 若者たちが正義と自由を求めて立ちあがる p.54
 月への宇宙旅行 p.55
 ジョン・レノンとオノ・ヨーコが平和な世界を想像する p.56
 多様性と自由のシンボル、レインボーフラッグがひるがえる p.57
 インターネットが世界をつなぐ p.58

 グレタは地球を救いたい p.63
人間の頭脳から生まれた天才児、人工知能（AI） p.64

 自由
 社会
 教育
 エコロジー
 イノベーション
 エネルギー
 輸送手段
 航海
 情報
 正確さ

 経済学
 コミュニケーション
 都市工学
 交流
 農業
 食糧
 生活の質
 衛生と健康
 料理
 保護

１５０万年前

進歩の火がともる

　人類は、およそ150万年前、まだ新人類が存在しない原人の時代に火を利用するようになったと考えられている。その最も古い証拠は、南アフリカ共和国のワンダーワーク洞窟で発見された、灰やこげた骨や石器だ。

　わたしたちの祖先は火を使うことによって、闇を照らし、体をあたため、けものを追いはらえるようになった。また、火で調理することで、食べ物はおいしく消化がよくなり、保存もしやすくなった。火を使った新しい道具がうみだされ、はなれた場所と連絡をとることができるようになり、たき火を囲んで知識を分かちあえるようにもなった。こうした変化は、脳を刺激し、知能や言語の発達のカギになったと考えられる。

　火は、陶磁器やガラスや冶金など、新しい技術の発達にもつながり、文明の進歩をうながした。

5万1200年前

アーティストの誕生

　洞窟壁画とは、洞窟や岩穴の壁に描かれたり刻まれたりした絵のことだ。これまでに見つかった世界最古のものは、インドネシアのスラウェシ島にある洞窟に描かれた動物や人の壁画で、5万1200年前に描かれたともいわれている。

　壁画からは、先史時代の人びとの創造性や芸術の才能が見てとれる。

　また、当時の人びとがどんなふうにくらし、どうやって狩りをし、植物を食べていたか、どんな世界観をもっていたかがわかる。

　人類の最初の芸術作品である壁画は、人間の抽象的な思考や情報の本質をとらえる能力を発達させた。また、知識の伝達にも役立ち、共同体が生きのびるために大きな役割をはたした。

紀元前10000年

道具が新しい世界をひらく

　現在知られている最古の石器は、300万年以上前に作られた。旧石器時代前期の人びとが物を切ったりひっかいたり打ったりするために使った、素朴な道具だった。

　新石器時代が始まる約1万年前には、改良された、もっと複雑な道具が現れた。骨や木でできたものもあったが、特に重要なのは石器だ。

　石や砂で石をみがいて作られたこの石器のおかげで、快適で安全な住まいや、船が作られるようになった。布が織られ、質のよい作物が大量に生産されるようになり、動物からうまく身を守れるようになった。

　新石器時代の石器は、労働の専門化や、農耕や商業の発達をうながし、より複雑な構造の社会をもたらすきっかけとなった。

紀元前１００００年

狩猟から農耕へ

　新石器時代に農耕がはじまった。まわりにはえている植物を栽培することからはじまり、中東の「肥沃な三日月地帯」では、紀元前1万年に小麦や大麦やエンドウやレンズ豆が栽培されるようになった。その後、現在のメキシコ南部から中央アメリカにわたるメソアメリカでも、トウモロコシや豆類やカボチャの栽培がはじまった。

　農耕は、人びとの食べ物とくらしをがらりと変えた。人びとは食料を求めてたえず移動するくらしをやめて、きまった場所に住むようになった。それとともに、動物が飼われはじめ、肉や乳が食べられるようになった。

　農業が発達するとコミュニティーが大きくなり、やがて都市が生まれた。ほかの土地に住む人びととの物の売り買いや情報交換もさかんになっていった。

紀元前3500年

車輪が世界をまわす

　車輪は、世界のあちこちでいろいろな年代に出現したが、最も早かったのは、紀元前3500年ごろのメソポタミアだったと考えられている。最初のものは、陶器を作るろくろをまわすために使われた、素朴な木の円盤だった。この円盤形の部品が時とともに改良されて、あらゆる機械で使われるようになった。

　車輪を使って、荷車や乗り物が作られるようになると、大きな重たい荷物も運べるようになった。農機具が作られ、大規模な農業生産が可能になった。

　今日にいたるまで車輪や歯車は、人間が作りだすありとあらゆる機械や器具で使われてきた。物を作るにも商品を流通させるにもなくてはならないものなので、人類の進歩を象徴する発明のひとつとみなされている。

紀元前3400-3200年

メソポタミアで最初の文字が書かれる

文字は、農耕や車輪と同じように、世界のいくつかの文明で、異なる時期に発明された。メソポタミアでは紀元前3400年くらいにシュメール人が、粘土板に木片などで刻んだくさび形文字を使いはじめたと考えられている。

エジプトでは紀元前3200年くらいに、象形文字が石に刻まれたりパピルスに書かれたりするようになった。中国でも紀元前1200年くらいに甲骨文字がうまれた。文字が刻みつけられた亀の甲や水牛の骨などが、遺跡から多く発見されている。

文字の誕生によって先史時代はおわり、歴史時代がはじまった。文字によって、人は知識を伝達したり保存したりできるようになった。学問や芸術の発達にも文字はかかせない。文字がなければ、文明は発達せず、新しい技術も生まれなかっただろう。

紀元前3000年

パンが焼ける

　パンは、最も古くからある食べ物のひとつで、先史時代からあった。最初に酵母を使って、ふんわりしたおいしいパンを焼いたのは古代エジプト人だと考えられている。酵母を加えた水を粉にまぜてねり、発酵させたものを、陶製の窯で焼いたらしい。

　パンが広まると、粉が必要になり、小麦やその他の穀類の生産がさかんになった。パンはたいへん重要なものだったので、商売でお金のかわりに使われたこともあった。多くの宗教でも、神々からの贈り物とされたり祝いごとや儀式で使われたりするなど、一定の役割をになってきた。

　パンは多くの文明で主食とされ、人口の増加や発展をうながした。今も世界じゅうで親しまれる、基本的な食べ物のひとつとなっている。

紀元前２７００年

エジプトでピラミッドが建てられる

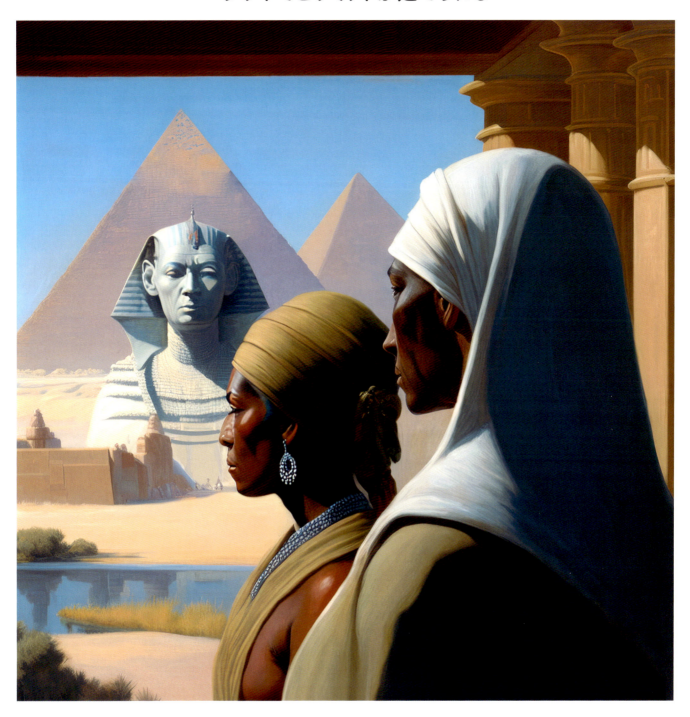

　古代エジプトのピラミッドは、王であるファラオや女王が眠る巨大な墓として建設された。設計にあたった建築家や、建設の指揮をとった技師たちは、いつまでも壊れないがんじょうなものにしようと、当時の最先端の数学の知識を使って計算し、画期的な器具で計測した。

　ピラミッドを作るには、おおぜいの人手が必要で、その大半はファラオの命令でかり集められた農民だった。通路や埋葬する部屋は、職人たちが美術品で美しく飾り、20年から30年もかけて建てられた。

　その建設には、しっかりとした計画とコーディネート力が求められた。古代エジプトの人びとは、高度な建築技術と組織力を持っていた。

　ピラミッドの完成度と美しさは、今なお、世界じゅうの人びとの感嘆のまととなっている。

紀元前５００年

演劇がギリシャで勝利する

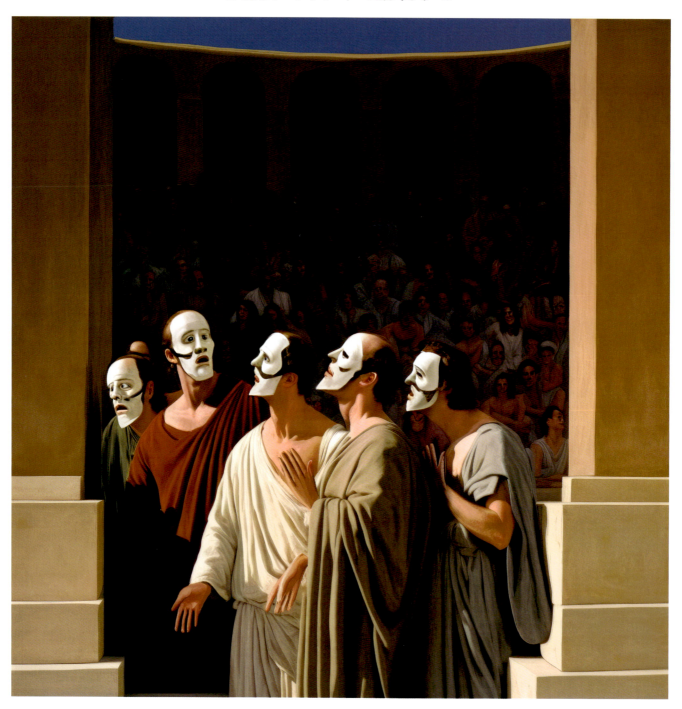

　演劇は、古代ギリシャの最も重要な都市国家アテネで生まれた。紀元前5世紀から前4世紀にかけて最もさかんになり、政治や宗教や道徳など、ギリシャ社会における重要なことがらがテーマとなった。公演は野外劇場で行われ、演じるのは全員男性で、登場人物の感情や特徴を観客に見せるために仮面が使われた。

　ギリシャの悲劇や喜劇はエンターテインメントとして、あらゆる社会階層の人びとをひきつけた。数日間にもわたって大きな演劇祭がもよおされ、市民が集い楽しんだ。演劇は教育的な意味も持ち、市民に愛国心やギリシャ文化への誇りなどを教える手段でもあった。

　演劇は、映画など後世の芸術にさまざまな形で影響をあたえた。現在も、世界じゅうでかかすことのできない文化の一部となっている。

紀元前484年

孔子が礼節を説く

　古代中国の学者、思想家孔子は、生涯の大半を政治家として送ったのち、14年間諸国をめぐって政治のあり方を説いてまわった。紀元前484年には生まれ故郷の魯に戻り、3000人以上の弟子に教えを説くことに残りの年月をささげた。

　民を法律で厳しく取りしまるのではなく、道徳や礼節によって教化することが理想の政治だと孔子は説いた。最高の道徳とした「仁」は、父母への孝行、兄弟仲良くを基にして他者を思いやり、年長者や祖先をうやまうというもの。

　孔子の思想は『論語』にまとめられ、アジアで2000年以上にわたって、政治や宗教や道徳感に大きな影響をあたえた。世界各地で、教育や社会を理解する有効な方法として研究もされてきた。

紀元前312年

ローマに水を運んだ最初の水道

　町や村に泉や川から水をひくための水道橋は、もっと古いほかの文明でもつくられてきたが、古代ローマ人の技術はとびぬけていた。

　ローマの最初の水道であるアッピア水道は、紀元前312年に開通し、ローマの牛市場の泉に水を供給した。その大部分はトンネルだったが、後には高架式の水道橋も建設された。

　水路をアーチと柱でささえる構造の水道橋は、ゆるやかな傾斜があり、半円形のアーチで重力が均等に分散されるために、スムーズに水が流れた。

　水道橋は、ローマの高い土木技術のたまもので、後世の世界じゅうの水の供給システムに影響をあたえた。水の供給によって、都市の生活の質や公衆衛生が向上し、農業が拡大し、都市が発展した。

紀元前３００年

マヤ民族が天体にもとづく暦をつくる

　マヤ民族は天体や星の動きを観察し、メソアメリカ地域（現在のメキシコと中央アメリカ北西部）に古くからあった暦をヒントにして、天体の周期にもとづく暦をつくりあげた。この暦により、時間の長さをはかり、天文上の出来事をきわめて正確に予測できるようになった。

　マヤ暦は、紀元前300年か、もっと以前に作られたと考えられている。まじわり補いあう、周期の異なるいくつかの暦からなる。260日周期のツォルキンは、宗教や占いに、365日周期のハアブは、農業や日常生活に使われた。なかには、5125.3658年というたいへん長い周期をもつものもあり、天文上の出来事の計算にはこの暦が使われた。

　天文学や数学におけるマヤ文明の知識は、現代科学のもとになった。

紀元前3世紀

エウレカ！　アルキメデスが浮力の原理を発見する

　アルキメデスは、紀元前287年ごろから前212年まで生きた、古代ギリシャの物理学者で数学者だ。古代の最も偉大な科学者のひとりで、多くの発見を残した。なかでも、名前がつけられたアルキメデスの原理こと、浮力の原理で知られる。

　王冠が純金でできているかどうかを確かめるために体積をはかるよう、シュラクサイの王ヒエロン2世に命じられたアルキメデスは、入浴の最中に浮力の原理を発見して「エウレカ！」と叫んだという言い伝えがある。「流体のなかの物体は、押しのけた流体の重さと等しい力で上むきに押される（浮力）」というこの原理を使えば、どんな形の物体でも、体積をはかれることに気づいたのだ。

　この発見は水理学の基礎として、物理学の発展につながり、その影響は現代までおよんでいる。

紀元前130年

シルクロードが東洋と西洋をむすぶ

　シルクロードは、中国が通商のため、紀元前2世紀ごろに作った交通網だ。中国を出発して、中央アジアを通りペルシャにいたり、最後はヨーロッパに達する。特産の絹（シルク）が運ばれたことからこう呼ばれた。

　もともとは絹や陶器やスパイスなど、中国の貴重な商品を外国に運んで売買するためにつくられた道だったが、商品だけではなく、思想や文化も運ばれた。シルクロードを通って、ヨーロッパには絹がもたらされ、アジアにはヨーロッパの新しい農業技術や、それまでなかった作物（アメリカ大陸が発見された後には、サトウキビやトウモロコシやタバコ）がもたらされた。

　シルクロードは、商品や思想や宗教や技術の交流の場となり、文明発展のカギとなった。また、さまざまな国ぐにが外交関係をむすぶきっかけにもなった。

６００年

戦略ゲームで頭脳にいどむ

　チェスは2人で対戦する戦略ゲームだ。64のマス目のある盤に、それぞれ16個のコマを並べてスタートする。最強のコマである、相手のキングを攻めていき、チェックメイト（キングの逃げ道がなくなること）したほうが勝ちになる。

　起源は、古代インドのチャトゥランガというゲームだ。2つの軍の対戦をみたててうみだされたと考えられ、6世紀にはインドでさかんにプレーされた。その後、ペルシャやアラビアに広がり、アラブ人がヨーロッパに伝えたのは、何百年もあとの中世になってからだった。

　チェスをすると、記憶力や集中力や決断力がきたえられることから、学習ツールとしてもよく利用されてきた。文化や思想にも影響をあたえ、今も世界じゅうに愛好者がいて、プレーされている。

859年

アル・フィフリのマドラサが門戸を開く

ファティマ・アル・フィフリは、イスラム教徒の裕福な家庭の娘だった。父親の死後、相続した多額の遺産をつぎこんで、妹とともに何年もかかってモロッコにマドラサ（イスラム教の高等教育機関）を作った。

859年に開校したマドラサはしだいに重要になり、世界じゅうから学生や研究者が集まった。中世には、教育研究機関としてイスラム社会でたいへん大きな役割をになった。

13世紀から14世紀にかけて最も繁栄し、文化交流や、新しい考えや知識の発展の拠点となった。

さらに、20世紀にはカラウィーイーン大学に発展した。この大学では今も、モロッコはもとより広くイスラム圏から学生が集まり、イスラム神学、イスラム法学、アラビア語などを学んでいる。

１０８６年

羅針盤が方角を示す

　羅針盤がいつ発明されたかについてはさまざまな説があるが、羅針盤が登場する最も古い文献が、11世紀後半に中国で書かれた『夢渓筆談』なのはまちがいない。
　そこに出てくる羅針盤は、水をはった器に、磁石をはりつけた板切れを浮かべる、ごく簡単なものだった。磁石は地球の磁場によって、南北の方角をむく性質がある。その後、軸に磁石の針をのせた、もっと正確で信頼できる羅針盤が作られるようになった。
　羅針盤のおかげで、東西南北の方角を定めて、安全に旅ができるようになった。これにより、15世紀にはヨーロッパの人びとが船で海にのりだし、「新大陸」が発見され、交易がさかんになった。羅針盤は世界じゅうに広まり、学問や科学技術にも大きな影響をあたえた。

1440年

印刷が知識を共有させる

　活版印刷は、15世紀ドイツの金細工師ヨハネス・グーテンベルクが発明したとされる。1文字ずつ活字をさしかえて印刷する技術の発明によって、同じ本や印刷物を大量に作ることができるようになった。

　活版印刷が発明されるまで、本は、特別な技術を持つ人が1文字1文字、字を手で書き写して作られていた。そのために、書物は数が限られ、ほとんどの人にとって手のとどかない高級品だった。

　だが、活版印刷によって、書物を早く安く複製できるようになると、知識や情報が広く多くの人びとにいきわたるようになった。後の出版産業の基礎がつくられ、経済の発達にもつながった。

　印刷術は、教育や学問や宗教や政治でも土台となり、新しい考えの普及や、文化や思想の発展を導いた。

1632年

ガリレオ・ガリレイが地動説をとなえる

　17世紀にカトリック教会は、地球は宇宙の中心にあり、太陽やその他の惑星は地球のまわりをまわっているという天動説をとなえていた。けれども、発明されたばかりの望遠鏡で天体を観測した天文物理学者のガリレオ・ガリレイは、天文学者で数学者のニコラウス・コペルニクスがとなえた、教会とは正反対の説である地動説を支持した。

　1632年に刊行した『プトレマイオスとコペルニクスの二大世界体系についての対話』(『天文対話』)でガリレオは、地球やその他の惑星は、宇宙の中心にある太陽のまわりをまわっていると書いた。そして、教会の考えにさからったとして、終身刑を言いわたされた。

　だが、ガリレオの考えは正しく、天文学や現代物理学の発展に大きく貢献した。その観察や実験の方法は、経験科学の確立をうながし、現代科学の基礎となった。

1660 - 1685年

避妊具が発明される

　世界最古の男性用の避妊具（望まない妊娠や性病の感染予防に使われる道具。コンドームとも呼ばれる）は、エジプトのツタンカーメン王の墓の埋葬品のなかで見つかった。同じようなものが古代ギリシャやローマでは動物の腸で、中世では亜麻や絹でもつくられ、性病予防のために使われた。

　避妊を目的とする最初の避妊具は、イギリスの国王チャールズ2世の主治医だったコンドームが、王の望まない子どもが生まれないように発明したと言われているが、ほんとうのところはわからない。

　ゴム製のものが登場するのは17世紀で、最初はぶあつくて使いづらかったが、19世紀に改良されていった。

　避妊具は、公衆衛生と産児制限のための大切な道具であり、安全で責任あるセックスのシンボルでもある。

1687年

引力があるから自分の重みで落ちる

　アイザック・ニュートンは、イギリスの物理学者で数学者で天文学者だ。1687年に代表作『自然哲学の数学的諸原理』を書き、そのなかで運動の法則と万有引力の法則を説明した。

　ニュートンは、リンゴが木から落ちるのは、太陽のまわりで惑星が軌道を保っているのと同じ力が働いているからだと推論した。そして、すべての物体に対して引力が存在するという結論をみちびきだし、「宇宙のすべての物体は、その質量と距離に応じた力で引きあっている」という万有引力の法則をとなえた。

　この法則は、200年以上たってからアインシュタインの相対性理論につながった。また、天体の動きの予測に応用され、人工衛星やGPSナビゲーションや宇宙ロケット等、さまざまな科学技術の基礎となった。

1785年

ジャガイモがヨーロッパを救う

　フランス人のアントワーヌ＝オーギュスタン・パルマンティエは、農耕の研究が専門の農学者だった。ヨーロッパが食糧危機にみまわれた18世紀後半当時、農業の中心だった穀類や豆類は害虫に弱く、不足しがちだった。南アメリカ原産のジャガイモは軽んじられ、栽培を禁止されてさえいたが、パルマンティエは、ジャガイモがやせた土地やきびしい気候のもとでも育つことに気づき、ジャガイモ料理を紹介するイベントを開き、ジャガイモがおいしくて栄養のある作物だということを伝えていった。

　その苦労が実をむすび、フランス国王はやがて領内で栽培させ、1785年には家畜の飼料としてもすすめるようになった。こうしてジャガイモはまわりの国にも広がり、おかげでヨーロッパは飢餓から救われた。また、パルマンティエは、効率的な農業の発展にも力を尽くした。

1808年

交響曲第5番が世界を感動させる

　ドイツの作曲家ルートヴィヒ・ヴァン・ベートーヴェンは交響曲第5番ハ短調を、オーストリアのアン・デア・ウィーン劇場で初演した。「ジャジャジャジャーン」という壮大な始まりで有名なこの曲は、当時の観客を熱狂させ、現在も演奏されつづけている。

　この曲は「運命」の名でもよく知られる。動機（モチーフ）が4つの楽章を通してくりかえされるという技法は新しく、後の作曲のひとつのモデルとなった。ドラマチックな第1楽章は障害との闘いを、ほがらかで祝祭的な最終楽章は困難への不屈の精神を表すと解釈されてきた。

　ベートーヴェンは、西洋音楽における最も重要な作曲家で、クラシックを代表する音楽家である。

　作品は、音楽だけでなく後世の文化全般に、大きな影響をあたえた。

１８２６年

最初の写真が現実の一瞬をとらえる

　フランスの物理学者ジョゼフ・ニセフォール・ニエプスは、カメラ・オブスクラを使った『ル・グラの窓からの眺め』という作品で、世界で初めて風景を永遠にとらえることに成功した。

　カメラ・オブスクラとは、木箱の片側に小さな穴をあけ、反対側にスクリーンを置いた装置だ。穴から光が入ると、スクリーンにさかさまの像がうつる。ニエプスは、その像を定着させようといろいろな感光材を試したすえ、アスファルトの一種を使うとうまくいくことを発見した。のちに、協力者だったルイ・ダゲールがこの技術を発展させ、カメラの商品化に成功した。

　写真は、実験や研究に用いられ、美術と学問の世界を大きく変えた。イベントや事件の記録のためにも、なくてはならないものになり、歴史的記憶の保存に役立った。

1829年

蒸気機関車ロケット号がやってきた

　1826年に、イギリスの２つの都市リバプールとマンチェスターを結ぶ初めての線路の建設が始まった。このプロジェクトをうけおったイギリス人の技師ジョージ・スチーブンソンは、その3年後、線路ができあがってまもなく、最新型の蒸気機関車ロケット号を完成させた。
　蒸気機関車の登場によって、人や貨物をすばやく効率的に遠くまで運べるようになり、はなれた場所にある地方と市場がつながった。また、蒸気船やモーターで動く乗り物など、他の新しい輸送機関の開発がうながされた。移動がかんたんになったことで、人と人との関係が変わり、都市や国のあり方も変化していった。
　蒸気機関車の発明は、産業革命や19世紀の経済成長の大きなきっかけとなった。また、世界各地をつなぐ、現代の輸送機関の基礎となった。

1843年

エイダ・ラブレスと最初のコンピューター

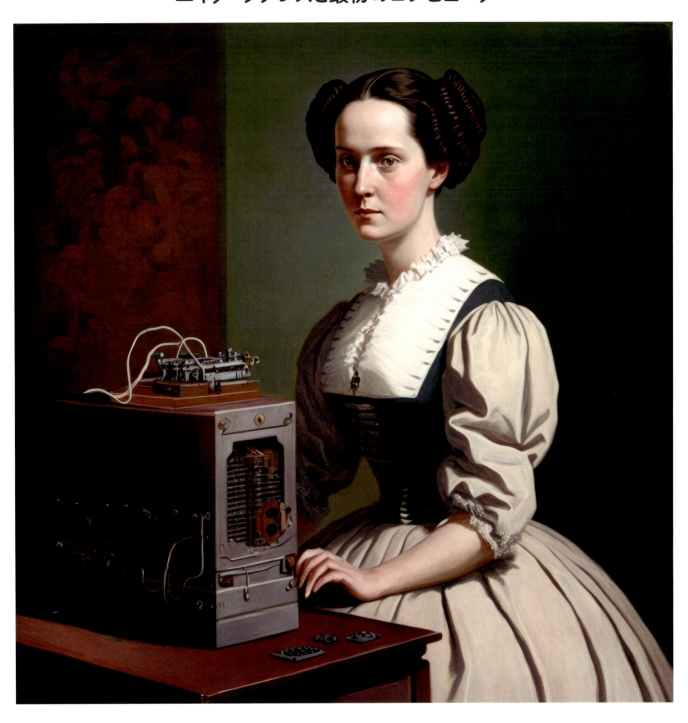

　1843年、イギリスの数学者で作家のエイダ・ラブレスは、著名な数学者で科学者だった知人のチャールズ・バベッジから、イタリア人の数学者ルイジ・メナブレアが解析機関について論じた文書の英訳をたのまれた。
　ラブレスは、この文書を翻訳し、それにそえた注で脚光をあびた。そこには、史上初の情報処理プログラムのアルゴリズムが記されていたからだ。

　ラブレスの考えは、現代のコンピュータープログラムの基礎となり、情報処理やテクノロジーの発展につながった。その創造的な視点は、AI（人工知能）を先どりするものだった。
　ラブレスは、哲学の本や詩も書いた。あらゆる分野で活躍し、女性の権利や男女平等も訴えた。文化とテクノロジーにおける功績は、今も輝いている。

1859年

進化論が革命をおこす

　イギリス人のナチュラリストで生物学者のチャールズ・ダーウィンは、世界じゅうを旅して、すべての大陸のありとあらゆる生物を研究した。

　その結果、それぞれの種は神が今の姿に創造したもので不変である、という当時信じられていた考えに疑問をもつようになった。そして、すべての種は共通の祖先を持つが、それぞれの環境に適応して、長い年月をかけて違った進化をとげ、地球の多様な生物がうまれたという理論をみちびきだした。

　1859年に『種の起源』が出版されると、論争が巻きおこったが、やがてこの本は、生物学と自然界の理解において、後世に最も大きな影響をあたえた書物のひとつとなった。ダーウィンの理論は、宗教や政治や倫理にも波紋をなげかけ、今なお議論はつづいている。

１８７６年

ベルがはじめて電話で通話する

　1871年、イタリアの発明家アントニオ・メウッチは、人間の声をケーブルで運ぶ装置を作った。が、残念なことにメウッチはお金がなく、特許をとることができなかった。そして、その5年後、スコットランド生まれの発明家アレクサンダー・グラハム・ベルが特許をとり、メウッチにかわって、電話の発明者となった。

　ベルが電話の試作にとりくみ、通話に成功したのは、1876年3月10日のことだ。ケーブルでつないだ電話機で、ベルがアシスタントに言った「ワトソンくん、ここに来てくれ。きみに会いたい」という言葉は、歴史に残る一言となった。

　電話は、はなれた場所にいる者同士の会話を可能にした。ビジネスにも文化交流にも役立ち、ラジオやテレビやインターネットなど、未来の通信技術の基礎となった。

1 8 9 1 年

テスラの交流電流が地球を照らす

　クロアチアに生まれた、発明家で電気技師のニコラ・テスラは、電気エネルギーを遠くまで確実に伝えることのできる交流電流システムを開発した。1891年、はじめて交流電流が都市の間で流された。町や村で電力網が作られ、人びとの生活の質が多くの面で向上した。

　家庭では、オイルやガスのランプよりも安全な明かりや、効率のいい暖房や冷却装置が使えるようになった。工業においても、新たな経済チャンスがつくり出され、雇用がうみだされた。

　テスラの交流電流システムと、電力エネルギー分野における技術開発は、通信やエネルギーや医学や情報処理における現代の技術革新の基礎となった。テスラの未来志向の考え方と斬新なアイデアは、世界じゅうの若い科学者や発明家に刺激をあたえた。

1903年

マリー・キュリーが科学にいどむ

　ポーランドの科学者マリー・キュリーは成績優秀だったが、ワルシャワ大学が女性を受け入れていなかったため、進学できなかった。その後、マリーはフランスに行き、パリ大学で物理と数学を学んだ。そこで提出した博士論文「放射性物質の研究」は、非常に高く評価された。

　マリーは研究を重ねて、ある種の化合物から発せられる光線（放射線）は、不透明な物質を通りぬけられることを発見した。この発見は、がんなどの病気の診断や治療にかかせないものとなった。

　マリー・キュリーは、1903年に物理で、1911年に化学でノーベル賞を受賞した。科学の2つの分野でノーベル賞を受賞した研究者はほかにいない。また、パリ大学初の女性教員となり、医学とテクノロジーの分野で活躍し、科学における男女平等の推進にも貢献した。

1903年

ライト兄弟が空を飛ぶ

　1903年12月17日、ライト兄弟はアメリカ合衆国ノースカロライナ州において、世界で初めての有人動力飛行をなしとげた。

　兄ウィルバーと弟オーヴィルは、ガソリンで動くモーターを搭載し、ケーブルとレバーで翼をコントロールできるようになった飛行機「フライヤー号」を作りあげた。何度も失敗したのち、とうとう12秒間、36メートルの飛行に成功した。

　ライト兄弟の成功は、航空機とテクノロジーの発展への道を開いた。航空機によって、人や物を効率よくはなれた場所まではこべるようになり、経済にもよい影響がもたらされた。

　また、人間の限界はまだまだはてしないことを見せつけて、若い発明家たちを刺激した。

1906年

抽象美術のパイオニア、ヒルマ・アフ・クリント

　スウェーデン人のヒルマ・アフ・クリントは、時間や空間を超越した霊的観念を追求した芸術家だ。幾何学模様を描き、目に見えるものをこえたところにある考えや経験を表現しようとした。

　クリントは、抽象美術運動が起こるずっと以前の1900年代のはじめに抽象絵画にとりくんだパイオニアだ。最初の抽象画シリーズ「原初の混沌」は1906年に描かれた。

だがクリントは、自分の死後20年たつまでは、作品を公表しないようにと言い残した。世界はまだ、自分の絵を見る準備ができていないと考えたのだ。

　クリントは、美術界であたりまえとされているきまりごとにいどみ、革新的で実験的な芸術への道をひらいた。創作の自由や、芸術において模索をつづけることの重要性を訴えた。

1912年

エリザベス・アーデンと仲間が婦人参政権を求めて闘う

　実業家エリザベス・アーデンは、1910年にレッド・ドア・サロンという化粧品店をニューヨーク五番街に開店した。アーデンの化粧品は、美に対する古い固定観念をうちやぶり、女性が創造的かつ個性的に自分を表現することを可能にした。社会のなかで女性たちが自分をどう見せるか、自分自身をどう見るかを、アーデンは変えていった。

　実業家として活躍すると同時に、アーデンは、婦人参政権運動にもかかわり、イベントを開催して資金を集めた。1912年に首都ワシントンで行われた、女性の参政権を求めるデモでは、参加した女性が全員、エンパワーメントのシンボルとしてアーデンの赤い口紅を塗った。

　アーデンたちの運動によって、アメリカ合衆国では1920年に女性に投票権が認められ、ジェンダー平等や女性の市民権獲得への大きな一歩がふみだされた。

1916年

ココ・シャネルがコルセットから女性を解放する

　ココ・シャネルは、現代ファッションの基礎をきずいた、フランスのファッションデザイナーだ。

　20世紀のはじめは、コルセットなど体をしめつける下着をつけ、何枚も服を重ねて着るのが女性の正しいよそおいとされていた。帽子職人としてスタートしたシャネルは、きゅうくつで体にもよくない、こうしたファッションに抵抗し、着心地のよい実用的な服をデザインした。

　コルセットをつけずに着る、女性の体型に合わせたやわらかなラインの服や、紳士服のアイテムをとりいれたスラックスや直線的なジャケットなど、シャネルのファッションは現代性と女性解放を象徴するものだった。1916年に初めてコレクションを発表して以来、シャネルは時代を代表するデザイナーとして、今日のファッションに大きな影響をあたえた。

１９１６年

$e=mc^2$

アインシュタインが宇宙の謎にこたえる

　ドイツに生まれ、アメリカに渡ったアルバート・アインシュタインは、相対性理論と、E=mc²という等式で知られる物理学者だ。光電効果の研究によってノーベル物理学賞も受賞している。

　E=mc²は、相対性理論の等式で、エネルギー（E）は、質量（m）に光の速さ（c）をかけたものの２乗に等しいことを表す。つまり、エネルギーと質量は、同じものの異なる形であり、質量をエネルギーに変えることも、その逆もできるということだ。小さなものからエネルギーを解放すれば、大量のエネルギーが発生する。

　アインシュタインの理論は、時間と空間と物質の理解の仕方をがらりと変えた。最初はでたらめと思われた理論が、現代物理学への道をひらいた。アインシュタインは今日では、人間の知性と創造を体現した人物とされている。

$e=mc^2$ >

1929年

ヴァージニア・ウルフがこれまで書かれなかったものを書く

　ヴァージニア・ウルフは、2つの世界大戦のあいだの時代を生きたイギリス人の作家で、小説やエッセイや戯曲を執筆した。裕福な家庭で育ったが、女だからという理由で大学に行けなかった。権利を奪われ、すみに押しやられたことをきっかけに、フェミニズムのために闘い、作家として自分のほんとうの声を追求するようになった。

　『自分ひとりの部屋』という作品でウルフは、社会や文学において男性と同じ機会や権利を持ちたいという、女性の願望を表明した。また、家父長的な抑圧や、女性の書き手が自分のスペースや資金を持たない現実を訴えた。

　女性に対する社会の認識を、ウルフは著作で変えていった。20世紀に社会の文化を変えた中心人物として、ウルフは今なお、世界じゅうの作家やフェミニストにインスピレーションをあたえつづけている。

1930年

ガンディーが平和への道を示す

　マハトマ・ガンディーは、イギリスの植民地だったインドの独立のために闘った政治的、社会的指導者だ。
　1930年に、インド人が塩を生産し販売することを禁じたイギリス政府の法律に抗議して、「塩の行進」の先頭に立ったガンディーは、支持者たちとともにアラビア海沿岸を390キロ以上歩いてダンディー海岸にむかい、そこで象徴的意味をこめて塩を作った。

　この不服従による平和的な抗議運動は、暴力を使わないで抑圧に抵抗できることを世界に知らしめた。
　ガンディーは、人種や性の平等、社会正義、非暴力のために闘った。彼の哲学と平和的な行動は、マーティン・ルーサー・キングやネルソン・マンデラなど、世界の多くの指導者に受けつがれ、公平で平和な世界をめざして闘う多くの人びとを今もはげましつづけている。

１９３６年

ダリがめくるめく狂気で世界をおどろかせる

　画家で彫刻家、作家で脚本家でもあるサルバドール・ダリは、スペインのフィゲラスで生まれた。シュールレアリスムという、当時全盛期にあった、夢からインスピレーションを得た芸術運動に、ダリは大きな影響をあたえた。

　ダリの人生と作品には、独特のスタイルととっぴなものへの愛好が見てとれる。1936年にダリは、ロンドン国際シュールレアリスム展覧会に参加、翌年「メイ・ウェストのリップ・ソファ」（米国の女優メイ・ウェストの真っ赤な唇の形をしたソファー）を制作した。この作品はその後、シュールレアリスム芸術のアイコンとなった。

　ダリの作品は、理性や論理をこえた想像力をめぐる心理学の研究対象にもなり、哲学や文学にも影響をあたえた。ダリは今も、新しい世代の芸術家や思想家のインスピレーションの源となっている。

1941年

ヘディ・ラマーがWi-FiやBluetoothのさきがけとなる技術をつくりだす

　ヘディ・ラマーは、オーストリア出身の俳優で科学者だ。1940年代にはアメリカ、ハリウッドの映画スターとして活躍したが、科学やテクノロジーの分野でもすばらしい業績を残した。

　第二次世界大戦が始まったころ、ラマーは作曲家でピアニストのジョージ・アンタイルとともに、周波数ホッピングという、暗号化された確実な通信システムを開発した。

　アメリカの軍部は1960年代になるまで、この画期的なシステムをまじめにとりあわなかったが、ラマーの発明は、無線通信や携帯電話、衛星通信、Wi-Fi、Bluetooth（ブルートゥース）など、現代のコミュニケーション技術の基礎となり、デジタル社会の発展につながった。

　ラマーは、科学やテクノロジーや数学などに興味のある女性たちのモデルとなった。

1942年

クストーが海の秘密を明かす

　ジャック・クストーは、フランス人の海洋探検家で映画監督で作家だ。調査船カリプソ号に乗って世界をめぐり、海の驚異に光をあてた。海中を撮ったはじめての映画「水深18メートル」を制作したのは1942年のことだ。その後「沈黙の世界」など、数々の海洋ドキュメンタリー映画を発表した。

　さらに、海中調査のための機器の開発でも知られる。圧縮空気を完全に自動でチューブに送りこめる世界初の水中呼吸装置のアクアラングなど、クストーの作ったダイヴィング機器のおかげで、長時間、水面に戻らずに深海調査を行えるようになった。また、水中カメラや、海底調査のための小型潜水艇の開発にもかかわった。

　クストーの映画は、海に息づく命のすばらしさを伝え、自然保護へと人びとの関心を向けさせた。

1950年

マザー・テレサが最も弱い人びとに手をさしのべる

　マザー・テレサは、カトリックの修道女で宣教師だ。マケドニアで生まれ、インドに渡りコルカタの貧困層のなかでも最も貧しい人びとを助けることに生涯をささげた。
　1950年に、マザー・テレサは〈神の愛の宣教者会〉をつくった。縁に青い線の入った白いサリーを身につけた会員は、祈りや瞑想や労働など、きびしい日課を守り、共同生活を送りながら、病気の人びとと、最も貧しい人びとを助け、食べ物や住まいなど、さまざまなケアを提供する活動に今もとりくんでいる。
　マザー・テレサは、社会のなかの最も弱い人びと、すみに追いやられた人びとへのケアの必要性を訴えつづけ、ノーベル平和賞を受賞した。
　マザー・テレサの慈愛や連帯はかぎりなく、今も共感や思いやりの手本となっている。

1953年

フリーダ・カーロが女性のステレオタイプに疑問をなげかける

　フリーダ・カーロはメキシコのすぐれた画家だ。鮮やかな色彩とシュールレアリスム的画風で、アイデンティティや死や痛みなどのテーマを追求した。1953年にメキシコシティで、生涯でたった一度だけ個展を開いた。

　フリーダは、自画像でよく知られる。1939年に描いた「二人のフリーダ」には、刺繍の入った白いワンピースを着た独身のころのフリーダと、メキシコの伝統衣装をまとった、画家のディエゴ・デ・リベラの妻であるフリーダが描かれている。体の外に出た、血がしたたる心臓が表すのは、リベラとの別れの悲しみだ。

　作品を通じてフリーダは、女性としての性、母になること、性差別等のテーマを追い、女性のステレオタイプに挑み、女性の権利を擁護した。フリーダの名は今も、フェミニズムや現代性や自由と共に語られている。

1963年8月28日

マーティン・ルーサー・キングの夢が世界の心をつかむ

　マーティン・ルーサー・キング牧師は、非暴力主義をつらぬき、アフリカ系アメリカ人の人権を守るために生涯をささげた。ワシントン大行進での「わたしには夢がある」という演説は、歴史に残る。
「いつの日か、ジョージアの赤土の上で、奴隷だった者の子どもと、奴隷の主人だった者の子どもが共に友情のテーブルにつくことを、わたしは夢みている」と、よりよい世界を夢みる自由を訴えた。
　その言葉と指導力にひかれて、おおぜいの人びとが人種差別のない平等で公平な社会のために闘おうと集まった。キング牧師は、言葉による平和的な闘いで、法律や政治を変えていく道をひらいた。
　今日でも、キング牧師の声と姿は、公平で暴力のない社会を求める世界じゅうの闘いのシンボルとなっている。

1967年12月3日

人体への心臓移植が成功する

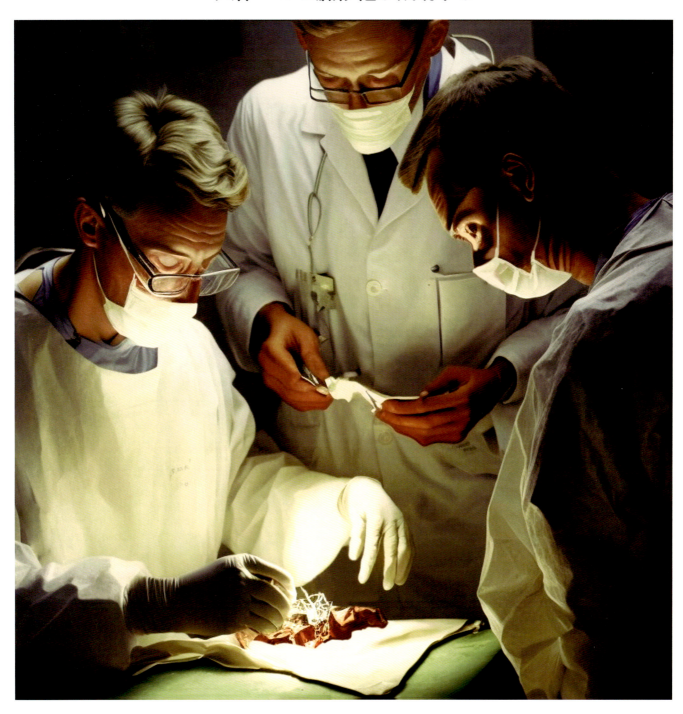

　1967年、南アフリカ共和国出身の心臓外科医クリスチャン・バーナードは、同国ケープタウンのクローテ・スキュール病院で、人体への初めての心臓移植手術に成功した。
　だが、成功はしたものの、免疫システムが移植した心臓を異物と認識して攻撃したために、患者は18日後に死亡してしまった。
　それ以降、移植した臓器への拒絶反応をやわらげる薬の開発や、移植する臓器を提供するドナーと移植される患者との相性の研究が進められた。現在では臓器移植手術の成功率は高まっている。
　心臓移植は、他の臓器移植への道をひらいた。また、病気をなおし、人命を救うために、新しい治療法を研究することの大切さをうきぼりにした。

１９６８年

若者たちが正義と自由を求めて立ちあがる

　1960年代は、正義と自由を求めて、社会と政治が大きく変化した時代だった。そのカギとなったのが、学生が主役となった1968年革命だ。

　世界のいくつもの都市で学生が立ちあがったが、なかでも注目を集めたのはフランス、パリの五月革命だった。大学生が集会を開き、大学の建て物や工場を占拠して町にくりだした。正義と自由を求め、むかしのままの不公平で息苦しい社会を変えていこうと、さまざまな社会グループ（平和主義者、フェミニスト、ゲイ、エコロジスト等）の若者や学生、無政府主義者や左翼の活動家たちが中心になって訴えかけた。

　1968年革命は、その場では成功しなかったが、影響は長く残り、その抵抗の精神は、人権や社会正義のために闘う後の世代の人びとをはげましました。

１９６９年

月への宇宙旅行

　アポロ11号の月の探査は、1969年7月16日、サターンⅤ型ロケットでの司令船コロンビアと月着陸船イーグルの打ち上げで始まった。乗組員は、アメリカ合衆国の３人の宇宙飛行士、ニール・アームストロングとバズ・オルドリンとマイケル・コリンズ。

　同月20日に、コロンビアからイーグルが切りはなされ、月に着陸、アームストロングとオルドリンは、月面を歩いた世界初の人間になった。その間、コリンズはコロンビアに残り、月のまわりの軌道をまわっていた。ミッションは成功し、同月24日、３人は無事地球に帰還した。

　この世界初の月面着陸は、航空学や情報学の発達をうながし、不可能と思えることをも可能にする人間の能力を見せつけた。世界じゅうの人びとが科学や宇宙開発に興味をもちはじめ、大衆文化や教育にも影響をあたえた。

１９７１年

ジョン・レノンとオノ・ヨーコが平和な世界を想像する

　ジョン・レノンは、ビートルズのメンバーとして知られる、イギリスの歌手で作曲家で活動家で、オノ・ヨーコはパフォーマンスや映画や実験的音楽で有名になった日本人のアーティストで活動家だ。ふたりは1971年に「イマジン」という曲をリリースした。
　ジョン・レノンが歌い演奏する「イマジン」は、ピアノのイントロで始まる。繊細でシンプルなその和音は、多くの人の心に刻みつけられている。歌詞は、人びとが調和して平和に生きる、宗教も国籍も所有もない、壁のない世界を想像しよう、と語りかける。
　「イマジン」は平和への賛歌として、平和を求める数多くのアーティストに歌いつがれてきた。その歌詞とメロディーはポップミュージックの傑作として、世界じゅうに知られている。

１９７８年

多様性と自由のシンボル、レインボーフラッグがひるがえる

　LGBTQ＋（性的マイノリティの総称）のシンボル、レインボーフラッグは、ハーヴェイ・ミルクが発案し、ギルバート・ベイカーがデザインして作られた。この旗がはじめて登場したのは、1978年にアメリカ、サンフランシスコで開催されたゲイプライドフェスティバルのときだ。
　オリジナルの旗は8色で、ピンクはセクシュアリティ、赤は命、オレンジは癒し、黄色は太陽、緑は自然、水色は魔術と芸術、青は冷静さと調和、紫は精神を意味した。
　それ以来レインボーフラッグは、LGBTQ＋の権利を求める世界じゅうのデモやイベントでひるがえってきた。平等や性の多様性を守ろうとする組織や企業でも採用されている。
　今では、性やジェンダーの平等と多様性を表す国際的シンボルとなった。人権の大切さや社会的インクルージョンを教える教育の場でも用いられている。

１９８３年

インターネットが世界をつなぐ

　インターネット開発のカギとなったのは、1960年代にアメリカ国防総省が開発したアーパネットだった。
　アーパネットは、さまざまな研究機関や大学を通信でつなぐコンピューターネットワークだった。その後、TCP/IPプロトコルが開発され、1983年には、世界じゅうをつなぐ通信網が完成した。インターネットの誕生だ。1990年代には、ワールド・ワイド・ウェブ（WWW）が開発され、インターネットは文字通り世界じゅうで実用化された。
　そのおかげで、国境をこえて世界の人びとがつながり、無限に近い情報にアクセスし、オンラインで買い物し、サービスを受けられるようになった。新しい娯楽がうまれ、消費やコンテンツの形も変化した。今日ではインターネットは、商業や通信や学習にかかせないツールとなっている。

1989年

ベルリンの壁がくずれ、自由が勝利する

　冷戦によって東西に分断されたドイツで、ベルリンの壁は、自由と仕事を求めてドイツ連邦共和国（西ドイツ）に人びとが逃れるのを防ごうと、1961年にドイツ民主共和国（東ドイツ）によって建てられた。

　壁の建設は、なんの予告もなく夜中にはじまったため、家族や友人が別れ別れになるなど、多くの悲劇をうんだ。壁は長年にわたって、分断と抑圧のシンボルだった。

　だが、外交努力や抗議デモの末に、28年たった1989年11月9日の夜、東ドイツは国境を開くことを宣言した。数時間後には、東西両ドイツの何千人もの人びとが町にくりだして、壁のところで愛する人とだきあった。

　恥ずべきバリアだった壁が崩壊する映像は、世界をかけめぐった。それは、民主主義と人権と自由の勝利をあらわす、全世界にとって感動の歴史的瞬間だった。

１９９６年

クローン羊、ドリーが誕生する

　羊のドリーは、イギリス人の生物学者イアン・ウィルムットをリーダーとする研究チームによって、1996年に世界ではじめての哺乳類クローンとして生まれた。
　クローンとは、遺伝物質から、もとの生物とまるっきり同じコピーを作りだす技術だ。一卵性双生児の場合、自然に起こることを、研究室で人工的に引きおこす。ドナーとなる動物の体から細胞をとって核をとりのぞき、あらかじめ遺伝物質をとりのぞいておいた受精卵と融合させる。それに刺激をあたえて細胞分裂させて子宮にもどし、育てていくのだ。
　クローン羊の実験の成功は、食料の安定した生産や絶滅危惧種の保護、薬の開発などへの新たな可能性を開いた。ただし、クローン人間に関しては倫理面から心配する声があり、議論がつづいている。

２００６年

フェラン・アドリアが未来の料理をつくりだす

　フェラン・アドリアは、スペイン出身の世界的に有名なシェフだ。コスタ・ブラバにある彼のレストラン〈エル・ブジ〉は、何度も世界一の評価をうけた。

　アドリアの料理は、科学的な新しい料理法、分子ガストロノミーを使うことに特徴がある。アドリアは調理場を実験室に変え、新しい味や舌ざわりやにおいや食感を生みだした。調理のあいだに起こる化学変化や物理的変化を研究し、実験器具を使って、材料を遠心分離機にかけたり、乳化させたり、ゼリー状や球状にしたりする。

　芸術性やコンセプトにもこだわり、ただ料理というだけではない、驚きの体験を客にあたえる。アドリアは、2006年には世界一すぐれたシェフに選ばれた。芸術や文化の分野でも注目され、料理の枠をこえて若い世代にインスピレーションをあたえている。

2008年

イーロン・マスクが宇宙を征服する

　南アフリカ共和国出身の起業家イーロン・マスクは、人類の持続可能な未来をめざし、イノベーションの先端をいく企業を経営している。

　マスクは、化石燃料の消費を減らして、再生可能エネルギーへの転換を進めることを目的とする会社、テスラを創業した。続いて、人類の未来を保証しようと、火星への移住をねらいとする会社、スペースXをたちあげ、2008年にNASAと協定を結んだ。また、ハイパーループ構想を提唱し、チューブのなかをカプセルで移動する高速輸送システムの開発を促し、ニューラリンク社では、神経系の病気の治療と認知能力の向上をめざして、人間の脳と機械のインターフェイスの開発を手がける。

　長期的な視野でよりよい社会を目ざすビジネスモデルは、型にはまらない発想や物づくりへと若者たちを誘う。

2018年

グレタは地球を救いたい

　グレタ・トゥーンベリは、気候変動に対して闘うスウェーデンの活動家だ。2003年にストックホルムで生まれ、わずか15歳で環境保護のための活動を始めた。2018年にスウェーデン議会の前で始めたストライキは、「未来のための金曜日」として世界的な運動になった。

　世界じゅうの政治家に今すぐ対処するようせまる、率直で熱のこもったスピーチで知られる。グレタは、旅行するにも飛行機をさけて、サステナブルな交通手段を使う。洋服は新品ではなく、もっぱら古着を買う。食肉産業が排出する二酸化炭素を減らすために、菜食主義をつらぬく。

　その行動力とスピーチで、グレタは、世界の首脳が集まる国際政治の場にも影響をあたえてきた。グレタに動かされて、世界じゅうの多くの若者が環境保護活動に関心を持ち、行動するようになった。

2023年

人間の頭脳から生まれた天才児、人工知能(AI)

　人工知能（AI）は、人間がすると考えられている仕事をし、人間の思考をまねる能力を持つシステムの開発にあたる、情報処理の一分野だ。人間の脳がするように、コンピューターに学ばせ、考えさせ、ものをつくらせる。
　AIは、1950年代に開発が始まり、段階をふんで（数理論理学、ニューラルネットワーク、機械学習、自然言語生成……）発展してきた。AIがくみこまれたツールは、未来からやってきたかのように、あらゆる分野を改革していく。AIは進化がとても速く、将来その影響はますます大きくなることが予想される。
　AIは、人間の頭脳から生まれた天才児だ。想像もつかない世界への扉を開く。タイムトラベルや宇宙旅行もできるようになるだろうか。わたしたちの歴史のページは、今も書きかえられている。

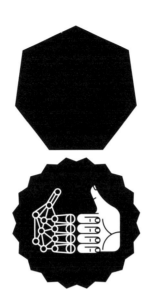

この本は、
人間と人工知能（AI）との
対話によってつくられた。

WOW
by Ai Caramba!

© Zahorí Books, 2023
www.zahoribooks.com

© Texts: Ai Caramba!
© Illustrations: Ai Caramba!

Japanese translation rights arranged
with ZAHORI DE IDEAS, S.L.
through Japan UNI Agency, Inc., Tokyo

AI カランバ! スタジオ

AIと共同でストーリーをつくりあげるグループ。作家、イラ
ストレーター、アートディレクターなどからなる。社会に貢
献できるストーリーをつくることを目指して制作にとりくん
でいる。

宇野和美 (うのかずみ)

スペイン語の翻訳に携わる。スペイン語圏の本の紹介に
も力を入れている。主な訳書に『ピトゥスの動物園』(あす
なろ書房)、『マルコとパパ』『おとなってこまっちゃう』(共
に偕成社)、『見知らぬ友』(福音館書店)など。

WOW (ワォ) AIアートが語る世界を変えた55のできごと

2025年4月30日　初版発行

作者／AIカランバ! スタジオ
訳者／宇野和美
発行者／山浦真一
発行所／あすなろ書房
　　　　〒162-0041 東京都新宿区早稲田鶴巻町551-4
　　　　電話 03-3203-3350(代表)
印刷所／佐久印刷所
製本所／大村製本

© 2025　Kazumi Uno　ISBN978-4-7515-3251-5
NDC209　Printed in Japan